LIBRE
DISCOVRS
ET
VERITABLE
IVGEMENT.

Sur l'heredité des Offices insi-
nuée en France, dans le doux
venim du droict annuel.

*Faict par l'vn des deputez aux Estats
Generaux.*

*Dum Præceps Dignitatum ambitio ad
sua vota rapitur Gloriam & secu-
ritatem publicam intercipit.*

AV LECTEVR.

PVis que le Demon d'Interest Particulier est si puissant au monde, qu'il enfassine les sens, Illude les hommes, & force leur iugement pour preualoir au dessus de la vertu, & qu'on l'a ainsi remarqué en la passion qu'ont eu les Officiers à poursuiure la continuation de l'heredité des Offices , comme aussi & tout au contaire en d'autres esprits aussi ambitieux à desirer les charges, que ceux qui les ont se dient interessez à les defendre. C'est ce qui a meu l'Autheur qui n'a aucun Office, & n'en veut poinct auoir, d'en dire son aduis, comme neutre, tant pour l'honneur du Cahier qu'il a apporté aux Estats, que pour conuenir au desir commun de ceux qui n'ont deuant les yeux que la gloire de la Monarchie françoise. Soubs la protestation que son discours n'a autre but que celuy là, auec la conseruation de l'autho_rité du Roy bien & soulagement de ces subiets.

LIBRE DISCOVRS.

SI la reputation du Prince eſt ſon plus precieux patrimoine, il ne la peut mieux faire
eſclater qu'en conſeruant la ſplendeur de ſa
principauté, & les rayons qu'elle produict:
Comme la ſouueraine puiſſance du Prince eſt
vn rayon & eſclat de la toute puiſſance de
Dieu, la puiſſance des Officiers eſt vn Echanti-
lon & influance de la puiſſance des Princes. A
bonne cauſe doncques la vertu & le merite
ſont en tous les Eſtats bien reglez, les echeles
neceſſaires pour paruenir aux Offices & dignitez. Le Temple de l'honneur voüé par Mar-
cellus à Rome, dans lequel on ne pouuoit entrer que l'on ne paſſaſt par celuy de la vertu,
manifeſtcit bien l'eſtime que les Romains ces
grands ſages en ont fait, & à leur exemple, rou-
tes les Nations du monde qui ont cognu la
vraye gloire : car les dignitez y ont eſtez tellement eſtimees, le prix & la recompenſe de la
vertu, que quelque neceſſité qui ce ſoit preſen-
tée de faire fonds aux finances de tout Empire,
Royaume ou principauté que ce ſoit, il eſt
ſans exemple qu'elles y ayent eſtés indifferemment expoſées en vente, où ſi elles l'ont eſtés
que la neceſſité paſſée, on ne les aît remiſes en
leur premiere honorable & noble qualité,
exempte de tout commerce.

A iij

Bien qu'il n'y ait qu'vn moyen legitime d'acquerir les honneurs, qu'est la vertu & le merite, sans lesquels il n'y a point de charge honorable, les Estats les plus corrompus n'y ont iamais admis qu'vn abus par la voye de la faueur, condamnée neantmoins par tous les sages, bien que par la faueur quelquefois la concession de l'Office puisse donner quant & quant recompense à la vertu. Mais il ne s'est encores veu, sinon en France, ou ce malheur ce soit si profondement enraciné, en laquelle on void les honneurs en vente, & les dignitez y estre deuenus marchandise en telle sorte que les Bilaux des Courratiers se trouuent plus chargez d'offices à vendre que d'aucune autre mercerie.

Iadis les Offices n'auoyent que d'eux attribuez l'honneur & le pouuoir: mais la venalité en a faict perdre l'honneur, ancien & vnique butin des dignitez, & le pouuoir n'en est recherché que pour le profit qu'on y cherche, si que l'Office & l'honneur qui estoient ia dis Synonimes, n'ont à present rien de semblable par la pratique du profit à la priuation de l'honneur.

L'Empereur Claude fut celuy qui des premiers voulut tenter à vendre les Offices & dignitez, & iusqu'à ce il n'auoit pas esté appellé Tyran, duquel lors on luy donnast le nom : mais son dessein estouffat en sa naissance. Nicolas Gilles & Gaguin Historiens dient que le

Roy Loys XII. fuſt le premier qui pour s'aqui-
ter des grands debtes faits par Charles VIII. ſon
pere pour le recoûuremét du Duché de Milan,
fuſt contraint d'en venir à cela, mais ce ne fuſt
que pour vne fois, & non pour en faire reuenu
ordinaire. Ce ne fut en effect qu'vne taille in-
ſenſible, & pour vn coup decoulee ſur l'ambition des plus riches,& encore ne fut-ce que
pour offices de finances, moins importans que
ceux de iudicature, & depuis le mal s'eſten-
dit en ceux-cy, premierement par forme de
preſt, & puis en ce tort ils ont eſté tous égalez,
& fut le Roy François I. qui eſtablit l'an 1522. le
bureau des parties Caſuelles, là où tous offices
ont touſiours depuis eſté à vendre. Mais comme ceux qui naiſſent prepoſterément les pieds
les premiers *qui vocantur Agrippæ*, tels que furent M. Agrippa & Neron, ſont de mauuais
augure, & reputez nez pour beaucoup de mal,
ainſi ceux qui ne paruiennent aux offices que
par argent,ne ſont pas capables de beaucoup
de bien.

La pluralité ou infinité des offices n'eſtoit-
elle pas deſia d'aſſez grande charge à l'Eſtat,
où il eſt plus difficile de trouuer vn hóme qu'vn
officier dont les gages valent plus que tout le
reuenu du Royaume, ne faiſoit du temps de
Loys XII. ſans encor y introduire vne ſi honteuſe venalité? Qui en conſiderera auſſi les ef-
fets l'vn des plus importants eſt que pour introduire ceux qui ont de l'argent pour les ache-

pter il faut exclurre bien ſouuent deux qui ont
de la vertu & du ſçauoir pour les meriter. Et de-
la il en procede que qui vend l'office vend la
Iuſtice, laquelle le Prince doibt en eſchange de
l'obeiſſance & des tributs qu'on luy rend , &
en conſequence de la vente de la Iuſtice procede neceſſairement l'iniuſtice : car comme le
profit regard de toutes affections pour s'enri-
chir, regarde tous objects pour s'en ſeruir, il n'y
a rien auſſi qui paſſe ſi facilement à la vente des
ſentences ou functions & corruption des Officiers, que la vente des Offices. De la vient que
l'on s'enquiert moins de la preud'homie, qu'on
ne feroit, par ce qu'on s'informe pluſtoſt ſi
l'Officier eſt capable de payer que de l'exercer.
Que ſi on dict que l'information de vie &
meurs remedie à c'eſt inconuenient, l'experience iournaliere témoigne que ſemblables infor-
mations ſe portent ſigner de maiſon en maiſon
fauorablement, comme facilement, & que les
ſubſtituts des Procureurs generaux nomment
les teſmoins que l'on deſire. Auſſi ſçauent bien
dire les Officiers qu'ils le ſont plus de leurs
bourſes que du Roy, d'où procede que l'affection n'en eſt pas grande enuers le Roy, qui n'a
baillé que du parchemin pour 'de l'argent. Et
ce mal à tant pullulé qu'on en eſt venu iuſqu'à
la vente de toutes charges de chez le Roy, des
Gouuernements , Regiments , Compagnies,
Citadelles,& places de toutes qualitez. Dont-
il faut craindre que l'on n'en face en fin commerce

merce auec les Estrangers, comme de tout autres marchandise.

Bien que le feu Roy eust soaffert ceste venalité qu'il auoit trouuée establie pour des grandes necessitez d'Estat, si son deceds n'eust pre-
uenu son dessein, il auoit desir d'y apporter vn
grand ordre, par ce que ce grand Roy auoit
recognu outre les considerations touchées que
la Iustice n'auoit plus que l'apparence l'authorité & le profir, à cause de sa venalité procedant
de celle des Offices, à la ville de ne seruir plus
que de tirannie sur les foibles, pour lesquels
elle est plus necessaire.

Il auoit aussi tresbien remarqué qu'ainsi que
la viande se corrompt en vn mauuais esto-
mach, que de mesme ce profanoit l'honneur &
l'Office en vne ame sans merite, & comme la
Noblesse à Rome iettast les aneaux d'or qui
luy seruoyent de marque quand ils ce commu-
niquerent aux affranchis & populaires, qu'ainsi
la Noblesse Françoise auoir mesprisé les Offices, par ce que pour auoir esté mis à prix ils e-
stoient tombez à mespris, & par ceste voye vnique d'y paruenir, elle reputoit sa condition de-
primée.

Mais ce mal a esté grandement authorisé &
empiré par l'introduction de l'heredité en laquelle les Offices ont estés par l'Eedict faict sur
le party de Paulet iusqu'à present possedez. Car
si c'est par ambition qu'on ait auparauant suiuy
les Offices, c'est à present que par vne pure Ar-

chomanie & fureur, les riches y accourent ainſi
qu'à des heritages qui leur rendent plus que
tous autres outre les priuileges d'aucuns Officiers, l'honneur qu'il en ont & l'authorité qu'ils
s'attribuent.   Que ſi la venalité a eſté mon-
ſtrée honteuſe & pernicieuſe l'heredité en aug-
mente l'abus, comme auſſi a elle eſté condamnée aux ſiecles paſſez, còmme vne mauuaiſe
plante laquelle fuſt arrachée auſſi toſt qu'elle
parut , & du Tillet en ces recherches en rap-
porte d'eux arreſts l'vn du 22. Ianuier 1361. &
l'autre de l'an 1364. leſquels ſeruent bien à mó-
ſtrer que ce n'eſt pas d'auiourd'huy qu'on a
voulu prouigner en France des plantes adulte-
rines : mais auſſi teſmoignent ils que le Cli-
mat de ces bons ſiecles ne les auoit peu ſouf-
frir.

Il y a long temps qu'il y auoit de deux ſortes
d'Offiees hereditaires jadis appelez benefices
ou fiefs reputez Synonimes, dont les premiers
ont eſté les iuſtices que les Gentils-hommes
tiennent par infœdation du Roy & paſſent à
leurs heritiers. Et les ſeconds ont eſtés les
greffes alienez a faculté de reachapt perpetuel
leſquels paſſent auſſi aux ſucceſſeurs , & ces
deux playes ayans touſiours depuis eſtés iugées
preiudiciables au domaine de la Couronne,
l'on ce doit faires ſages par ces mauuais exemples à ne plus commettre de telles fautes leſ-
quéllespour reueſtir autruy ne ce propoſent &
n'affectent ſinon de deſpoüiller le Roy vne

fois pour toutes de tous les Offices de son
Royaume. Il ne faut plns (dis-je) aprester à la
posterité des exemples si mauuais , ains ce seruir des experiences passées pour ce mieux gou-
uerner aux presentes. Car la troisiesme alienation, laquelle sur la profition de Paulet à attri-
bué ce priuilege à tous Offices qu'ils ne vac-
queront plus par mort, C'est celle là qui est la
pire , par ce qu'en leuant toute disposition &
ellection au Prince de ces Officiers, elle ferme
la porte à double tour non seulement aux vertueux & sçauans : mais encore aux sçauans &
aux riches , sinon autant que voudra l'Officier
sa vefue ou ces heretiers.

Ceste venale heredité fait doncques premierement tort à ceux qui par la seule vertu ce
pourroient autrement asseurer ou au moins esperer d'estre promeus aux Offices. Par ce que
qui voudra aspirer aux charges n'auraplus à pé-
ser qu'à amasser de l'argent en abondance par
quelque moyen que ce soit, de deuant lesquels
il faut quant & quant ce sauuer , comme de
lyons rougissans, puis que la recompense l'vn
des plus puissans demos du mode n'y aura plus
de credit. Et si jadis on disoit qu'il valoit mieux
estre mouton chez les Megariens que fils vnique de la maison , de mesmes par cy apres il sera meilleur d'estre vn sot & ignorant fils d'vn riche vsurier de nouelle forge , qui aura succé
toute sa vie le sang du peuple que d'estre vertueux & sçauant, par ce que celuy la partiendra

pluſtoſt à vne dignité que ceſtuy-cy, puis que
la ſeule vertu n'y pourra plus conduire, & de la
procedera vn deſeſpoir à la ieuneſſe qui n'eſt
grandement riche de pouuoir reüſſir à rien
voyant que ſans des grands deniers il n'y a
point deſperéce; d'où redoublera ſa debauche,
dans laquelle on la voit à preſent viure & pe-
rir.

La meſme introduction faict preiudice à la
Monarchie de ne pouuoir plus par le Monar-
que diſpoſer des offices ny auoir eſlection
d'aucun Officier: ains tomberont les offices en
Democratie, puis qu'il n'y aura plus que le
peuple qui en puiſſe diſpoſer & à qui la vefue
ou les heritiers voudront. Dont-il procedera
que le Roy aura moindre pouuoir en ſa dignité royale que le moindre de ces ſujets qui à le
choix de ce ſeruir de quel Aduocat, Procureur
& ſoliciteur qu'il voudra, & ſon Prince ne le
pourra pas faire qui eſt vne pure Tiránie qu'on
aſpire d'eſtablir ſur ſon Prince, qui ne ſera plus
Chef qu'é peinture de la Iuſtice: ains les officiers qui la poſſedent en domaine.

C'eſt encore vn tort & vn danger à l'Eſtat de
le voir ſerui par perſonnes tellement neceſſaires
qu'on ne les puiſſe pas deſauctoriſer & par ceſte crainte les contenir en leur deuoir qu'ils ne
puiſſët auoir l'office ou leur argét. Que ſi ondit
que par forfaicture on les en peut reculer tout
vn ſiecle, à peine fournira vn exemple de cela.
Car en France pluſieurs officiers ont à la pareil-

le fait valoir ceste maxime, que les concuſſions
ne ſont pas capitales. Il ſeroit d'ailleurs aucune-
ment iniuſte que celuy qui a achepté en gros
bien cherement vne choſe ne la puiſſe pas vendre en detail. Auſſi à ceſte Paulette rendu aucuns officiers beaucoup plus hardis que moins
ils s'eſtiment ſuiets à recherche, parce que leurs
enfans y doyuent ſucceder qui ſe reſſentiroient
de ceux qui en feroient la pourſuitte, à cauſe
dequoy on ne les oze pas attaquer. Et puis quād
on le feroit, où ſont les Iuges pour en cognoi-
ſtre qui n'y ſoient entrez par ceſte porte là, &
pluſieurs qui n'en ayent à en apprehender autant? cela ſoit dit ſans offenſer les gens de bien,
mais pour aduertir le Roy qu'il eſt à la veille de
voir par ces officiers former vn quatrieſme
Eſtat en ſon Eſtat qui ſuppeditera les autres, en
ce que leurs fonctions ſeront hereditaires & les
autres non. A quoy auroit ſeruy d'auoir empeſ-
ché (ſelon Paſquier) les officiers de faire aux
Eſtats vn quatrieſme Eſtat, & les en auoir debou-
tez pour les y admettre preſentement par l'heredité & authorité de leurs offices.

Le Domaine de la Couronne en ſouffriroit
auſſi alienation, en ce que l'heredité eſtant attri-
buée à perpetuité elle fait vn perpetuel preiudice à la Couronne de laquelle les offices ſont
Domaniaux, pire que les ſuruiuances anciennes
leſquelles n'auoient traict qu'à la ſimple vacation de chaque office, outre qu'elles n'eſtoient
que volontaires & encore perſonnelles à peu.

Et toutesfois les siecles passez les auoient dete-
stees, & les Rois en leurs Estats icelles abolies
autant de fois qu'ils auoient esté conuoquez, &
ce tort aux Rois est communi à ses successeurs
& au domaine inalienable en heredité, puis que
l'heredité importe alienation à perpetuité.

La vie des Rois ne sera pas en moindre danger, puis que les officiers de sa bouche & leurs
heritiers vendent leurs charges aussi bien que
les Gardes de son corps ordinaires de sa Chambre, & l'estat en danger par semblables ventes
des places, Capitaineries & Regimens d'y veoir
introduire par le moyen de l'argent des Estrangers, lequel s'y employera secrettement des hô-
mes à la deuotion des ennemis de la France, &
cela ne se peut mediter sans horreur, sans crainte & sans fremir.

Ce mesme Edit fait encore tort à l'officier de
le forcer d'achepter ceste heredité, bien que
tous achepts doyuent estre purement volontaires. Force laquelle y est assez grande en la
frayeur de perdre vn office de notable valeur, &
payer le 4. denier au lieu de 8. si on discontinuë
de le payer vne seule annee. Mais encore plus
grand tort de luy vendre chose que le Roy ne
luy peut pas maintenir, ny y obliger son succes-
seur, comme aussi ne le promet-on en payant
le droict annuel que pour vn an seulement. Et
toutesfois les officiers qui affectent d'y estre
continuez sont si aueuglez de leur passion qu'ils
ne considerent point cest interest, & que les

Rois ne font qu'vſufruc̈tuaires qui ne peuuent pas en cela obliger leurs ſucceſſeurs.

Le preiudice en eſt encor plus grand aux enfans des officiers, en ce qu'ils ſont aſſeurez que l'office de leur pere ayant eſté vendu à celuy qui en aura le plus donné, ils ne pourront en auoir aucun autre par la voye du merite, par ce moyen banny comme inutile, non plus que par achapt, parce que le prix de l'office eſtant diuiſé en pluſieurs parts, il n'y en aura aucune qui ſuffiſe pour leur en faire auoir aucun. Ces peres qui péſent plus à ſe perpetuer aux charges qu'à maintenir les voyes ouuertes à leurs enfans pour y atteindre n'imitent pas Hector, lequel eſt eſt introduit dans Homere, faiſant priere à Iupiter pour ſon fils Aſtianax qu'il fuſt ſon ſectateur en grandeur de courage qu'il commandaſt aux Troyens, & encore l'excedaſt en pieté; & en vn mot, puis qu'en ces peres officiers l'amour contre nature ne deſcend pas en leurs enfans comment pourra-on croire qu'ils ayent ſi grande affection au Roy & à ſon Eſtat, comme ils diſent, puis qu'ils aiment ſi peu leur geniture, cela n'eſt pas imaginable du lieu où les regles de l'amour naturelle ne joüent pas droictement.

Il procede du meſme droict annuel encore vne plus grande playe en la cherté des offices ſi exceſſiue que pour y paruenir il faut le plus ſouuent qu'il y aille du vaillant de toute vne famille ou parentelle. Et delà il s'enſuit que plus l'office a esté acheté cher & plus cherement en est venduë la fonction, dequoy il ne faut autre preuue, sinon rapporter les frais de iustice du temps que les offices estoient gratuitemét conferez, & mesme auant l'Edit de Paulet seulemét au temps present auquel ils sont si cherement vendus, & la disproportion en sera semblable qu'elle est de la valeur des offices du present siecle, & de ceux de ce temps là. Que si ceste cherté c'est par l'Edict introduicte d'outre moitié en l'administration de la iustice; Les offices des finances ont aussi esté encheris pour authoriser les peculats qui sont tels en France que pour la recherche qu'on en a demande aux Estats ; & qu'il a pleu au Roy d'accorder, on luy offre douze millions de liures, non du quadruple, mois du simple seulement, & pour les cas resaruez par le contract & reuocation de la derniere Chambre Royalle. Cherté qui n'est point procedee de la paix, car elle n'a pas encheri toutes autres choses à ceste proportion, comme aussi bien que la paix fust en l'Estat aussi grande auparauant la Paulette qu'apres son introduction, toutesfois les offices ne valloyent pas le tiers de ce à quoy l'heredité les a poussez. Ceste cherté ne procede pas non plus de la reduction des rentes, car elle auoit precedé la Paulette de plusieurs annees. Ce n'est pas aussi l'or des Indes, car au contraire il n'y eut , il y a plusieurs annees moins d'or & d'argent en France qu'il y en a, à cause des transports qui

s'en

s'en font. Cherté qui est encore procedée de
l'augmentation du luxe des femmes des officiers aux diamans, perles & carosses, meubles
precieux desquels elles contraignent leurs maris de se fournir & la friandise de leurs tables,
qui fait que l'ancienne frugalité & parsimonie
est perduë, par laquelle ce faisoient iadis de
bonnes maisons & de duree.

Item n'est ce pas chose encore hôteuse grandement de voir le rencontre que font toutes
sortes d'offices de iudicature & autres aux enfans qui sont au berceau, aux filles, aux vefues.
Si que tombans mesmes en communauté il ne
reste plus pour comble de toute indecence sinon d'y veoir les femmes perchees. Femmes
lesquelles par l'introduction de cest Edit ont
esté remarquees auoir notablement relasché de
l'affection qu'elles auoient à conseruer la santé
de leurs maris à cause de la crainte d'en perdre plustost le vestement que le corps; comme
chose qui là est deuenuë beaucoup plus in-
differente qu'elle n'estoit pas auparauant.

Et comme l'introduction d'vne absurdité en
attire plusieurs autres, est encor' procedée du
mesme Eedict vne fraude ruineuse pour les
creanciers de l'officier, en ce que soubs pre-
texte qu'au moyen de la procuration du de-
funt officier on peust facilement antidatter. La
quittance du 8. denier du iour de la datte de laquelle on expedië les prouisions au resignatai-
re au preiudice des creanciers, ce que la vefue

pratique en sorte qu'elle en tire soubs main le benefice duquel les creanciers sont frustrez, par ce que les dattes font foy (bien que contre verité) que l'officier s'en estoit defaict auant son deceds, & partāt en est deniée aux creanciers & l'hypoteque & la suite qui sont par ce moyen frustrez de leurs debtes.

Ceste mesme heredité d'offices desespere encor' la Noblesse d'y atteindre à faute de moyens sans vendre ces Chasteaux & Seigneuries, bien que plus apte pour seruir en iceux tant par le meilleur esprit qu'elle a regulierement plus que le commun, & mesmes à faire profit des bonnes lettres lesquelles, comme pierres precieuses ce peuuent lors reputer enchassées dans le plus fin & le plus pur or de l'estat, qu'aussi à cause quelle s'en acquitteroit plus honorablement, comme ayant moins d'auarice & plus de generosité que le menu peuple, & neantmoins on l'a bien tant abaissée par les escrits qui soustiennent la Paulette que de la reduire à ces chiens & à ces oyseaux, comme si elle n'estoit capable d'autres choses, & ne rendoit pas resmoignage en toutes conditions de son excellence.

Que si les plats pays & prouinces ont produit en tous les siecles des grands hommes de toutes conditions, desquels il y en a encore à present dans le Conseil du Roy lesquels y seruent dignement. Quand la vertu a eu l'hōneur pour recompense : la Noblesse plus capable de ceste

gloire quand elle se porte au bien s'abstiendra
auec eux de s'adonner aux lettres qui rendent
l'homme vn autre homme, si leur suitte ne leur
pourra de rien seruir, & que par le moyen de
cest Edit le Roy ne puisse couronner leur vertu
d'aucun honneur. Et au lieu que chez les Romains & tous autres Estats qui ont atteint au
sommet de la gloire, la principale prerogatiue
de la Noblesse estoit d'estre preferee aux principaux offices & dignitez, elle s'en trouuera
entierement frustrée & les ordonnances de
France qui les priuilegie, comme cela elu-
dées.

Finalement il faudra murer les portes des
Colleges qui pullulent par tout, afin qu'on ne
ce porte plus aux lettres de peur de voir autant d'estudiants (quoy que sçauants qui ne se-
ront pas riches) autant de miserables. Et peu
apres des siecles tous entiers de barbarie qui
n'est iamais sans iniustice tirannie & corrup-
telle.

Ce traitté n'est pas le premier qui a mis au
iour les inconueniens de telle introduction.
Entre lesquels est loüable la franchise auec laquelle vn graue vertueux & docte President à
recognu la laideur de ce monstre cornu &
chassé autant de fois qu'il c'estoit voulu establir
& mesmes aux trois races de nos Rois, Quand
les passages curieux qu'il y a appliqué ce pourroient tous entendre du droict annuel & non
du reuenu des fermes & baux qui ce faisoient

des dignitez & offices touſiours conclurroit l'a-
bolirion de ce droiĉt partant deſ regnés &
dannées eſcoulées auparauant le party de
Paulet qu'il auoit eſté delaiſſé comme iniuſte. Mais il ne s'enſuit & ne preuuent pas leſdits
paſſages que depuis que premierement ces pre-
ſtarions annuelles eurent lieu , il y ait eu continuation de l'annuel , ains font foy les meſmes
allegations que les autheurs deſquels elles ont
eſtés puiſées ce, pleignoient de ces ſiecles la
particulieremēt auſquls toutes choſes eſtoient
venales, Ainſi que faiĉt & a raiſon de faire l'Autheur de ce bon traitté, & ce que toutes perſonnes portées au bien font auec luy : mais il n'a
pas diĉt (auſſi eſt-il trop bien s'enſé) que rant
& ſi lōguement& depuis que les offices ce font
vendus en France l'annuel ayteu lieu meſmes
en la façon qu'il a eſté eſtablypar la production
de mille preiudices & inconueniens publics &
particuliers.

Mais comme il y a pɐu de mauuaiſes cauſes
qui ne trouuent leur defenſeur auſſi n'a poinĉt
manqués ceſte heredité d'offices d'eſtre ſouſte-
nuë par diuers traittez produiĉt au monde a
c'eſt effeĉt. En quoy faiſant les Autheurs d'iceux
ont faiĉt, comme le maſſons qui mettent en beſogne tout ce qui ce preſente deuant eux viel-
le & nouuelle pierre ſoit elle , pilaſtres , baſes
architraues ſoient qu'ils ayent ſeruis à l'Egliſe,
amphiteatres on à des priuez edifices : car il y
peu ou poinĉt de moyen qu'ils n'ayent em-

ployé,comme l'on faict à la defence d'vn mauuaiſe affaire.

Et premierement ils ont dict *que la pourſui-*
te de l'abolition de ce droict annuel n'eſtoit
qu'vne paſſion. Mais il eſt bien plus vray que
la defence en eſt tellement remplie que la raiſon en eſt alienée : car comme on diſoit jadis
aux Eliens qu'ils ſeroient bien meilleurs iuges
des ieux Olympiques, s'il n'y auoit poinct d'E-
lien lequel y combatit,de meſmes les officiers
qui en ont par eſcript entreprins la tuition &
pluſieurs venus aux Eſtats pour la defédre tout
ouuertement ſont ſuſpets : mais quand ceux
qui impugnent, c'eſt Eedict ruineux le feroient
auec quelque chaleur n'eſt-il pas permis non
ſeulement, mais encor' du deuoir de paſſion-
ner l'abolition des deſordres puis que c'eſt vn
effect de vertu parfaicte de faire animeuſement
guerre aux vices aux abus & releuer les ruines
publiques, & preuenir celles dans leſquelles
on veut enſeuelir la Monarchie forcant le Prince d'auoir des officiers neceſſaires & ſucceſſi-
bles, ce que pied à pied on le force de faire de
ceux qui le doiuent ordinairement coſtoyer.

Si le Clergé en faict inſtance c'eſt qu'il eſt
zelateur du bien de l'eſtat & de l'authorité du
Roy. La Nobleſſe s'y joinct par vn glorieux
deſir de ſeruir ſon Roy autant en paix comme
en la guerre , par les loix & par les armes. Le
tiers Eſtat s'y affectionne auec ſemblable zelé
deuoir & intereſt,Et que les Antagoniſtes n'en

exluent point les Aduocats , puis que c'est le
feminaire des plus grandes dignitez que celles
de ceux qui les estiment si peu. Et qu'ils n'en
representent pas indignes les enfans des mar-
chands & artisans , puis que les officiers pour-
ueus à present font plus des trois quarts de ces
qualitez là, que sans les escus de leurs peres ne
seroyent pas là, où ils sont.

Qu'ils ne dient pas *que l'Estat present des affai-*
res ne permet pas ce bon ordre doncques ils confes-
sent que ceste vn bon ordre. Et aussi quel meilleur & plus conuenable fruict pourroit auoir
la paix profonde de laquelle il plaist à Dieu de
fauoriser les François, Sinon vne si necessaire
Police ? Et si on ne l'establit lors quand la pourra on esperer ? Ne faut-il pas mesme craindre
de la continuation de ceste heredité qu'auec le
temps elle ne soit prise pour infœdation & delà que quand on la voudra faire cesser , il ne ce
trouuast aussi diffiicile qu'il est de retirer les iu-
stices des Gentils-hommes qui ont eu vn semblable commencement ? Quand on à eu vne
famille possede long temps quelque chose
successiuement ne repute on pas à grand tort
& iniustice quand on le veut retirer? Il est donc
plus facile qu'il ne sera iamais, tant par la paix
qui rend toutes les volpntez du Roy faciles,
qu'aussi on n'a pas eu le loisir de s'y establir.
Ioinct que sa Majesté trouuant des grandes re-
sistances à ce bon dessein à present & apres si
peu d'annees qu'on ose bien luy demander re-

ſtitution de ce que les Officiers ont payé pour s'aſſeurer iuſqu'à preſent, elle ce doit bien figurer par le traict du temps l'affaire plus difficier à l'aduenir qu'à la iouiſſance de plus long temps les Officiers feront valoir pour vn notable preiuge la continuation qu'ils deſirent, puis que la Couſtume bien ſouuent enfantee par l'azard, ſupportée par habitude, nourrie par l'imprudence ce rend en fin la maitreſſe, ce que les Officiers feroyent eſclater d'autant plus haut que la conteſtation en auroit à preſent eſtre grande, & meſme en la face des Eſtats generaux : car il ce faut bien aſſeurer qu'ils feroyent receuoir telle continuation pour loy inuiolable.

Il adiouſtent *qu'il n'y a point eu de temps plus heureux* en France auparauant l'introduction de l'annuel, comme ſi la Paulette auoit mis la paix en France. N'eſt-ce pas en oſter à Dieu l'honneur qui en eſt, & le Dieu & l'Autheur quel blaſpheme ? Les Officiers (c'eſt à dire ceux qui ce ſót paſſiones iuſqu'à ceſte abſurdité) peuuent ils ainſi parler ſans compter pour rien la valeur & la prudence d'HENRY LE GRAND, ce miracle des Roys, & tant de batailles qui l'ont couuert de ſang de pouſſiere & de l'auriers, (qu'elle ingratitude,) la fidelité des François n'y a à elle auſſi rien cooperé (qu'elle honte.) Auparauát l'introduction de c'eſt Eedict la France n'eſtoit elle pas pacifique ? Ne pouuoit-on eſtre heureux ſans ce

droîct annuel malheureux; Si le feu Roy n'euſt
eſté ſurprins en cela , là paix eſtoit-elle finie?
Les officiers oſeront ils bien dire qu'il la peuuent interrompre ou maintenir à diſcretion &
volonté, quoy qu'ils menaſſent de remuer les
enfers pour leur intereſt? C'eſt doncques vne
mocquerie, accompagnée de quelque choſe
de pire d'en venir inſques là , de dire que le
deſordre maintienne la paix. Le Roy à ſujet de
ce contenter que le Clergé n'eſt tienne plus
que certaine ſorte de benefices de ſa nomina-
nation , que la Nobleſſe tienne par eclypſe de
ſon domaine les fiefs & les iuſtices. Sans ce laiſ-
ſer encores deſpouïller des Offices. N'eſt-ce
pas iouër au roy deſpouïllé.

On adiouſte, *Qu'il ne faut pas iuger de l'ordre*
qu'on demande par des perfections imaginaires qu'on
preſuppoſe. Mais auſſi ne traittons nous pas de
la Republique de Platon. Nous ne ſommes ny
ſur le principe des cauſes naturelles tenu par
aucuns impenetrable; ny ſur la matiere forme
& priuation d'Ariſtote; il n'y a aucune Idee
ſimple en noſtre faict. On ne demande rien en
la reuocation du droîct annuel que l'on n'ayt
veu il n'y a que ſept ou huict ans que la diſpen-
ſation des offices eſtoit faicte, ſinon en toute la
parfaite forme qu'il euſt eſté à deſirer au moins
en vne beaucoup meilleure, plus honorable &
moins perilleuſe qu'elle n'a eſté depuis. Car
c'eſt choſe eſtrange que depuis ce temps là le
Roy n'ayt pas eu le credit de faire choix que
d'vn

d’vn seul officier en tour son Royaume , & ayt
esté contraint de les auoir tels qu’il a pleu à
ceux qui n’ont eu autre but & n’auront que de
trouuer qui plus leur en baille d’argent.

Les defenseurs disent *que Henry le Grand en
a fait l’establissement.* C’est à la verité appeller
vn grand garand, & duquel on ne peut parler
qu’auec Eloge de gloire:mais quand ainsi seroit
qu’il auroit imité quelqu’vn de ces predeces-
seurs en cela (ce qu’on n’accorde pas absolu-
ment,) Ce ne sera pas ingratitude ny crime à
des subiects de se pleindre de ce qui leur cuit.
Les Rois permettent à leurs peuples interessez
& opprimez de remonstrer & monstrer leurs
playes & les douleurs qu’ils en sentent.Ce grãd
Roy a tousiours permis qu’on appellast de luy
à luy mesme, & maintes fois a-il reuoqué plusieurs Edits quand on l’a informé qu’ils estoiét
preiudiciables à ses sujets,en quoy la foy publique n’est point interessee,quand c’est pour des-
interesser le public , & qu’on ne ruine pas le
particulier qui a contract auec le Roy. Il n’y
a rien qui,apres Dieu, opere si parfaictement
que la nature, & toutesfois voit-on tous les
iours des manquemens & defauts en ces ope-
rations , au reiect desquelles on ne l’offense ny
n’accuse pas. Il est ainsi des Edits des Princes
(quelquesfois) lesquels bien que respectables,
ne laissent pas d’estre cuisans. Bien que cest E-
dit fust vne loy,elle n’a pas esté faicte pour estre
irreuocable. Celles que Solon auoit faictes

pour fondamentales ne furent pas mesmes e-
ſtablies comme perpetuelles. Celles qui con-
cernent la police de l'Eſtat, comme celle dont
eſt queſtion ne ſont que prouiſionnelles. Et en
ce faict particulier, il eſt vray que ce grand Roy
peu de téps auparauant ſa mort, diſoit qu'il ne
vouloit plus que l'or euſt plus de prix en ſon
Royaume que la vertu, ny que la venalité & heredité prophanaſt le luſtre de ce beau rayon de
la royauté, qui eſtoit vne marque du repentir
qu'il auoit de ceſte introduction. Ores doncques que par bonneur chacun doiue dire qu'vn
ſi grand Roy n'auoit rien fait qui ne fuſt bien
fait. Ce n'eſt pas offenſer ſa memoire que d'in-
former le Roy ſucceſſeur de ces grandes vertus
comme de ſes couronnes des conſequences
mauuaiſes que la continuation de ceſt Edict
apporteroit en ſon Eſtat. Et en vn mot, puis que
Dieu ſeul s'eſt reſerué la preſcience des choſes
futures, il ne faut trouuer eſtrange s'il n'y a
prudence tant rafinee ſoit-elle, qui à la naiſ-
ſance d'vn deſir & d'vn Edict en puiſſe preuoir
toutes les rencontres & conſequences, puis
qu'il prouient de ce que les Idées ſe conçoi-
uent plus facilement & imaginent en plus grã-
de perfection qu'elles ne ce trouuent pas en
l'execution. Et finalement le meſme Roy ayant
pour certaines vrgentes neceſſitez de l'Eſtat
eſté contrainct de tirer en diuerſes manieres
ſecours de ces ſujectz ſeroit ce intereſſer ſa
memoire glorieuſe de ſupplier, comme tous

les Ordres du Royaume font fa' Majefté de les
reuoquer ou moderer, cela ne ce pourroit dire
fans admettre pour crime la fuplication que
faiȼt le fujeȼt à fon Prince de le traitter en bon
pere & Roy debonnaire. Voire pour qu'elles
fins a-il conuoqué les Eftats, finon ceux là? Que
fi fur leur fupplication font abrogés ou me-
difiés plufieurs Eediȼts & ordonnances, la memoire des Roys qui les ont faiȼtes en fera elle
bleffée? Si cela ne ce peuft dire, auec auffi peu
de raifon doit on trouuer eftrange que de ce
droiȼt annuel deftitué de tout droiȼt l'abolition
foit demandee.

Mais dient ces protecteurs. *L'eftabliffement en
a efté faiȼt fans oppofition ou empefchoment.* C'eft faire
tort à la Religion des Cours fouueraines & a
leur grauité, leur prudéce, & à la verité:car ils en
firét diuerfes remóftráces que le Roy ne iugeat
pas pour lors deuoir receuoir & n'en auoit voulu verifier l'Eediȼt : mais au contraire par arreft
du 13. Feurier 1613. refolu que le Roy feroit fup-
plié de le reuoquer, d'où viér que tous les gens
de bien s'eftonnent comment à prefent ils ayét
changé les bons motifs, dignes de leur grauité
& religió à ceux de l'vtilité particuliere qu'aucun d'eux y ont trouuée, & qu'en vn mefme
iour ils ayent donné arreft pour la conferua-
tió de la vie des Roys, & leur authorité, tout au
contraire & refolu de demander continuation
du droiȼt annuel, qui tend à la fubuerffion
d'icelle authorité *cur tam varié*, qui fi à pre-

ſant leur iugement conuient à bien autre deſir,
le nombre en eſt petit lequel encor pour l'intereſt du bien de l'Eſtat eſt diſpoſé à le prefe-
rer à tout autre, d'autant plus quand ils feront
deſcente de leur amour en leurs enfans. Auſſi
ces grandes & graues compagnies honoroient
trop le feu Roy pour s'oppoſer à ces volontez
iugeoyët en ce faiſant qui bailler de l'obeïſſance vn plus notable & general exemple. Item
quand c'eſt Eedict ſera reuoqué, il ne ſera pas
le premier qui l'ait eſté mieux verifié, que celuy
qui ne l'a pas eſté quand le temps, la raiſon &
occurrences des choſes l'ont deſiré, & meſmes
quand il a eſté queſtion de changer le bien en mieux.

Ils dient encor *qu'à la mort du Roy nul des Of-*
ficiers qui auoient payé le droiĉt annuel ne remuerent.
Ceſte raiſon porte trois grandes abſurditez. La
premiere cõme ſi nul autre ſujet du Roy n'euſt
auſſi bien que les Officiers vn regret egal de ce
deſaſtre & vn zele ſemblable à recognoiſtre, le
Roy ſon ſucceſſeur enquoy les Officiers ne
peuuent pas s'arroger d'auoir plus meritez que
les autres, & auſſi peu de dire que la Paulette
fuſt vn lien à ce deuoir, puis que ceux qui n'y
auoient poinĉt d'intereſt, ce ſont auſſi bien
comportez que les autres. La ſeconde ils ne
regardent pas qu'en attribuant à la Paulette, ceſte force & operation ils ne donent aucune places aux autres bien plus preſſants & obligatoi-
res deuoirs, qu'ils en auoient tel qu'eſtoit la fi-

delité , la iuſtice de l’ordre ſucceſſif & l’obeïſſance aueugle qu’il y deuoient, comme les autres auoir. Mais la troiſieſme eſt du tout arro-
gãte de preſumer par eux qu’ils puiſſent emou-
uoir les vents qui peuuent agiter c’eſt Eſtat. Eſt-
ce qu’ils ce diët les plus riches des villes, & que
partant-ils ſont plus aſſeurez au Roy que plus
ils ont à perdre. Si c’eſt par la conſideration
de leurs richeſſes la perte deſquelles ils a pre-
hendent ce n’eſt doncques pas par affection
qu’ils ayent au Roy. Auſſi eſt-ce tout au contraire, par ce que mariants les Officiers les dignitez aux richeſſes ils n’õt d’obeïſſance qu’autant qu’ils veulent s’eſtimants aſſez puiſſants
pour ce maintenir par eux meſmes. Ioinct que
c’eſtcõtre toute bône maxime d’Eſtat de bailler
les charges aux plus riches , ains aux plus vertueux & meritants, par ce que la richeſſe n’eſt
deſià que trop arrogante & dominante pour
eſperer moderation de ceux qui auront les
deux enſemble. Que s’ils dient que les riches
peuuent plus efficacement ſeruir leur Prince, il
eſt vray qu’ils le peuuent : mais ils le feront
moins que plus ils feront reueſtus des Offices,
auec leſquels ils pretendent leurs perſonnes &
leurs biens ſacrez & priuilegez, & cela eſt veu
en toutes les leuées de deniers auſquelles ils
ce gardent bien de contribuer. Finalement c’eſt
honteuſement parler de dire que les Officiers
du Roy tiennent en raiſon & deuoir, tout le
Royaume en obeïſſance, puis qu’eſtans plus

obligez de leurs Offices à leurs bourſſes qu'au Roy, cela ne ſe pourroit pas preſumer les choſes demeurans en l'Eſtat. Que s'il en faut quelque exemple contraire ; Qui donnaſt iamais plus d'Offices que le feu Roy Henry III. de glorieuſe memoire, & qui fuſt le plus mal ſeruy iamais de ces Officiers que luy ? Que s'ils alleguẽt les monuements derniers ſont ce eux qui les ont appaiſez ? Où eſt l'officier à qui il en ait couſté vn rouge double qui ait mis le cul ſur la ſelle ou l'eſpee? Que s'ils dient qu'il n'y ont pas adherez. On leur repliquera qu'auſſi n'a pas le Clergé, les gouuerneurs des Princes qui tiennent la clef du ieu, ny la Nobleſſe à la conſiderer en general ny le tiers Eſtat, & en fin que pour vn officier qui eſt demeuré en ſon deuoir, il y en a eu dix mille de toutes les autres conditions, leſquels s'y ſont auſſi tenus. Telles obiections ne peut doncques eſtre priſes que pour menace que les officiers qui ont eſcrit pour la continuation de ce mal, font au Roy que leur obeiſſance ou deſobeiſſance ne dependra que de l'heredité des offices, & que ſi le Roy ne leur aliene ſon domaine a perpetuité, ils alieneront leurs affections en ſon endroict. Or ſi à preſent qu'il eſt encor' incertain, ce qu'il plaira au Roy d'en determiner on parle ſi haut & ſi hardiment, combien plus de mal s'en faut il promettre ſi par l'heredité continuee, ils ce s'entoyent irreuocables, puis que les maux en vieilliſſant ce renforçent & cauſent des vlceres qui deuiennent incurables.

Ils alleguent encor que le changement des Officiers n'est pas bon. Mais quand ainsi seroit comme il le faut accorder en vn Estat Monarchique, l'exemple qu'ils apportent de l'instruction que le Roy Louys XI. donna à son fils de ne pas changer les Officiers principaux ne conuiénent en façon quelcóque au droit annuel pour en faire vn exemple. Et premierement parce que le Roy ne parloit que des Officiers principaux de la Couronne ou pres de sa personne de la demission desquels il c'estoit mal trouué & la Paulette comprend non ces grandes dignitez & charges prez le Roy, mais tous les autres Offices de France. Secondement ce precepte Royal doit estre appliqué à la forme de laquelle en vsast ce Roy la à sçauoir en les disgratiant & eloignant de soy sans en rendre autre raison que sa volonté: mais au faict qui ce presente quand le droit annuel sera aboly, on ne leue les offices à personne : Il ne tiendra qu'aux officiers qu'ils ne les gardent, les resignent & en disposent comme auparauant. Le Roy n'a sujet ny officier qui ce puisse pleindre d'aucune iniustice en cela: Car l'officier a esté pouruen auparauát, auquel cas il ne peust pas dire auoir achepté son Office àl'excez courát, & partant ne perd il rien auec le Roy : mais seulement delaisse de gaigner excessiuement auec luy & l'occasion de vendre l'escu, ce que ne luy a pas cousté vn teston qui n'est pas vn interest considerable & moins pour

~~n'est pas vn interest considerable& moins pour~~
taxer d'iniustice le bon ordre, qu'on demande.
Que si l'officier est pourueu depuis l'Eedict,
qui l'a poussé à vn excez de prix si grand, sinon
le benefice qu'il y a recognu , & le profit qu'il
en reçoit ou sa vanitépuis que l'Electiõ du Prince n'y a point cooperé? Or tout ainsi qu'au premier cas le mesme profit luy demeurant a-
uec son Office , il n'a sujet de se plaindre, au
second cas sa vanité excessiue merite non
seulement blasmé , mais encore d'auoir
rencontré pour peine quelque perte qu'il
pourra faire sur son Office s'il le veut vendre. Que s'il dit qu'il l'a achepté pour le reuendre & y gaigner, & toutesfois qu'il y perdra
si le droit annuel est reuocqué : N'est-ce pas
chose assez commune anx autres affaires & cõ-
merces du monde que de perdre & gaigner? Le
Roy c'est-il obligé à luy qu'il ne fera que gaigner ? Le descry des monnoyes n'a il pas
fait perdre vn chacun qui pour l'interest d'vn
meilleur ordre a pris patience? Que s'il l'a a-
chepté pour le garder qui le force de s'en def-
faire ? Et puis que les Officiers dient que le pris
des Offices gist en opinion qui leur empes-
che qu'ils ayent & facent conceuoir telle opinion du prix qu'ils pourront ? Que s'ils alleguent qu'en gardans leurs offices ils courent
fortune d'en mourir saisis, la mort est-elle plus
hideuse & cuisante à present qu'au parauant
l'Edit? la voye n'en est ny plus scabreuse n'y ra-
boreuse

boteufe qu’au parauant , car les aueugles meſmes la trouuent battue droicte & toute pleine,
& n’eſt choſe que cómune que la mort depouil-
le l’homme de ces qualitez. Et outre ce n’y aura il pas dés remedes de reſignation ſemblables
à ceux du temps paſſé pour en preuenir la perte
ſi on veut? Laiſſoit on auparauant de voir tant
les Cours ſouueraines que les Royales garnies
d’auſſi chenus que graues Senateurs autant
qu’à preſent ? On pourroit dire au contraire
que c’eſt Eedict en force de trauailler plus que
leurs forces naturelles ne peuuent porter , leſquels ce repoſeroyent pluſtoſt au lieu qu’ils
s’efforceront iuſques dans la decrepitude ſur-
dité & aueuglement à ce fatiquer lors meſmes
qu’ils ne le doiuent , & peuuent plus faire iuſqu’à ce que leurs enfans ou parens(s’ils en ont)
ſoyent reuenus des vniuerſitez auſſi peu chargez de ſcience que leurs peres ſont ſurchargez
de vieilleſſe, qui ſont deux extremitez perilleu-
ſes pour ceux la vie l’honneur & les biens deſquels ſont ſubjets à leurs iugements. Ils crai-
gnent d’eſtre empoiſonnés, mais l’artifice de
ceſte aprehenſion eſt petit, puis que s’il ne ce
faiſoit pas auparauant l’Eedict , il n’y a poinct
de ſujet de le craindre à preſent d’auantage.

Ils dient encor, *Que le meſme Edict a eſté meil-*
leur pour le ſecours aux finances du Roy qui en eſt pro-
cedé, que de ſurcharger le peuple : Mais le peuple ny
autre condition quelconque (ſinon les officiers
qui en ont preualu) ne dira pas que ceſte voye,

E

ny toute autre furcharge du peuple fuſt bonne,
au contraire par ce moyen tous les ſuiects
du Roy ont eſtés ſubchargez par l'augmention
des fraiz de Iuſtice, & la cherté des functions
des Officiers, & ſi pour le benefice qui en eſt
procedé, le peuple n'a pas eſté deſchargé d'aucune foule. Que ſi les Officiers repliquent que
ſanſle droict annuel on en euſt encore ſouffert
d'autres, le peuple ne le croit pas, puis qu'il
ſçait bien que ſa pauureté & la bonté de ſon
Prince ſuffiſoyent pour l'en excuſer. Et ont les
Officiers bien faute de bonnes raiſons, quand
ils alleguent que le Roy Louys XII. fuſt appellé pere du peuple, par-ce qu'il vendit le
premier les Offices. O qu'elle impoſture,
quel blaſme & terniſſeure, ils veulent impri-
mer à la gloire de ce grand Roy. Peuſt-on meriter ce nom d'honneur par les effects contrai-
res à la debonaireté & douceur, laquelle don-
ne aux Roys les noms de Paſteurs & de Peres?
Il eſt vray qu'il meritaſt ceſt Eloge & ce nom,
mais qu'on voye les hiſtoires de la vie, & on
verra que ce fuſt à cauſe de la diminution des
tailles, la bonne iuſtice qu'il faiſoit rendre à ces
ſuiects, & la police de ſa gendarmerie qui ſem-
bloit vne eſchole de diſcretion & obeiſſance
autāt que celle des ſiecles depuis venus, eſt de-
generee en licence debordee.

Ils adiouſtent *que le tiers Eſtat ne demande pas
la reuocation de ceſt Edit.* Mais ils ce trompent, & a
eſté remarqué dans la Chambre du tiers Eſtat
qu'a compter les voix par les cahiers qui en

parlent la pluralité la demande instamment, &
quand outre & cont re ce que portent les cahiers, la pluralité des voix suppediteroit ce desir (ce qui n'est pas) Dieu ayant inspiré & for-
tifié les deputez d'y faire leur deuoir par la sur-
croyance qu'ils ont demandee au Roy de l'en-
uoy des quittances de ladite dispence pour
l'annee presente, il le faudroit imputer au nô-
bre du tout extraordinaire des Officiers du
Roy, desquels est remplie ladite Chambre, qui
est tel, qu'il y en a trois pour vn de ceux qui
ne le sont pas, ce qu'il ne faudroit partant pré-
dre pour le desir du tiers Estat bien esloigné de
cela, lequel aussi ayant par son cahier demandé
que les suruiuances ayent lieu du pere au fils,
beaupere à gendre, frere à frere, oncle à nep-
ueu, & cousin à cousin, a bien monstré qu'il ce
departoit de la continuation du droit annuel,
lequel ayant lieu, lesdites suruiuáces sont inuti-
les, mais outre le tiers Estat, les deux autres
corps ont bien monstrez iusques à present, le
ressentiment qu'ils en ont & les malheurs qu'ils
en preuoyent, qu'ils essayent par tous moyens
le Clergé pieusement & la Noblesse genereuse-
ment de preuenir.

Les Officiers ont estimez *rendre la poursuite
du Clergé moins specieuse en luy roprochant qu'il y a
vne espece de Paulete qui regne dans les benefices telles que sont,* les simonies, confidences coadiu-
toreries, regrez & autres inuentions de posse-
der illicitement les Benefices, & qu'il veut mal
aux Officiers à cause des contentions de iurisdi-
ctions. Quant au premier, les grand Prelats

lefquels durant la tenue des Eftats font montez en chaire, n'ont rien tant exclamé que contre ce defordre duquel ils fe font plainds, nõ feule-mēt publiquemēt, mais encore au Roy accõpa-gnez des deux autres ordres pour y faire eftablir vne meilleure difcipline refoluz de n'interrompre leurs pourfuites qu'ils n'en ayent remportez le fruict qu'ils defirent & iugent neceffaire pour le luftre de l'Eglife. Quant à la hayne pretenduë le fondement en eft friuol, puis que les contentions de iurifdiction qu'ont les Treforiers de France , auec les Baillifs Senefchaux & leurs Lieutenans, les Efleus, les Officiers de Monoye Preuoft des Marefchaux, & tant d'autres fujects de côteftation qu'ils ont les vnscontre les autres ne les ont pas empefchez de s'accorder & conuenir à la deffence de cefte fale & honteufe heredité d'offices. Mais tant s'en faut que Meffieurs du Clergé y d'euffent eftre tenus pour fufpects qui ayans moins d'intereft pour paruenir aux Offices, defquels il y en a fort peu qui leur conuiennent, ils doiuent tout au contraire eftre reputez pour neutres, finon autant que leur affection au bien de l'Eftat les y doit faire paffioner.

Pour rendre femblablement fufpecte la pourfuite de Meffieurs de la Nobleffe les Officiers adiouftent que la Nobleffe poffedant des Duchez Marquifats Comtez, & autres fiefs hereditairement. Elle veut empefcher en autruy ce dont elle iouyt à prefent. Mais quel raport y a il de ces fiefs là, qui font en France patrimoniaux, auec des Of-

fices qui ne le font encor' poinct. Et quand il y
eftoient quelqu'vn , & que les fiefs n'euffent
pas toufiours eftez tels (comme il eft vray:) ains
eftoient vne efpece de benefices donnez en
vfufruict à temps ou à vie, à ceux qui auoyent
meritez du Prince. C'eft vn inconuenient fur
lequel il ce faut bien faire fage, & ce contenter
de cela, puis que le mal nouueau de la continuation de ladite heredité n'eft pas vn remede
pour amender : ains vn moyen pour em-
pirer c'eft ancien mal , tout ainfi que celuy
qui a vn bras coupé , ne le recouure pas
par la cure d'vne incifion qu'on luy veut faire
en l'autre : Les mefmes Officiers reprochent à
la Nobleffe *que les gouuernements n'eftoient iadis
que triennels , & à prefent ils font à vie.* Auffi e-
ftoyent jadis les Parlements ambulatoires, &
les iuges des Prouinces ne refidcyent poinct
au lieu natal, & toutesfois les vns & les autres
feroyent bien marris qu'on retournaft à cefte
ancienne difcipline. Ils ont encor eftimez a-
uoir trouué vne grande raifon en la jaloufie
qu'ils veulent donner au Roy de fa Nobleffe,
quand iniurieufement ils ont dict quelle veut
on pourra empieter dans l'eftat par le moyen
des offices, mais outre qu'il y en a peu qui vien-
nent à afpirer aux Offices, finon là où les famil-
les font grandes l'honnorable ambition qui les
y pouffera ne fera pas en tous, n'y pour toute
forte d'offices indifferemment , ains a aucuns
des principaux qui en ferót rédus plus illuftres
la iuftice mieux obeye & le Roy mieux feruy,

sa Majesté à d'ailleurs trop de sujet de confiance de celle qu'elle appelle meritoirement son bras droict, son espee & son bouclier tout ensemble, & à laquelle elle confie plus asseurement sa personne pour en receuoir le doubte que les defenseurs de la Paulette luy voudroiét faire naistre.

Ils adjoustent encor pour raison, *Que les Officiers estans asseurez de leurs Offices, ils exposeront plus librement leurs vies pour le seruice de sa Majesté.* O enfans degenerans de la franchise, prud'homie & loyauté de leurs peres, qui ne veulent seruir leur Prince qu'en payant, & qu'il n'y ait vn mur de dix pieds entre eux & le danger ! Ou sont ses frequents perils qu'on voye en l'exercice des Offices : qu'en cinquante ans les plus curieux en trouuent dix, desquels il en soit mesaduenu ? S'en est-il plus hazardé durant la paulette qu'auparauant ? Mais pour respondre en vn mot à tout cela qui ne sçait que par les Ordonnances Royaux les offices sont asseurez aux heritiers de ceux qui sont excedez en faisant leurs charges, & partant que l'inconuenient proposé est sans inconuenient.

De l'interest general ils viennét au particulier *quand ils alleguent qu'il y a quelques officiers qui n'ont vaillant que leurs Offices qui ne receuront incommodité, & que d'autres perdront le credit qu'ils ont par l'heredité de leurs charges.* Ceste raison d'incommodité particuliere n'a point de proportion pour l'admettre à comparaison de l'interest public. D'autant moins que ce petit

nombre la de maladuiſez merite bien de payer
vne faute ſi lourde qu'eſt de mettre tous leurs
œufs dans vn panier. Auec qu'elle prudécec'eſt
deub promettre le Roy que tels Officiers ad-
miniſtreroyent & diſpenſeroient bien les charges enuers ces ſubjets quand ils n'ont poinct eu
de prudence pour eux meſmes? On ſçait bien
que communement pluſieurs ſur acheptoyent
des grands offices, pour auoir des grands partys
en mariage, ce qui ne tendoit & reüſſiſſoit bien
ſouuent qu'à tromper le monde, lequel en ſera
au moins de ce coſté la garenty. Et ces gentils
& nouueaux deſſeins de s'aduancer ont ſeruy
de cauſe principale à la grande cherté des offices plus qu'aucun autre puis que pour les ſur
achepter les offices n'eſtoyent pas plus fru-
ctueux (qui eſt neantmoins la raiſon reguliere
& plus probable pour laquelle on peuſt achepter plus cherement vne choſe. *Mais diẽt ils les
officiers accouſtumez à viure ſplendimẽt, & friande-
ment ne le pourront plus ainſi faire.* O grand incõue-
nient d Eſtat qu'il ne ſera plus permis de viure
luxurieuſemẽt, n'eſt-ce pas bien auoir faute de
raiſon que de mettre celle là en beſogne?

Voicy doncques la plus grande batterie *que
font les Officiers, tiree de l'intereſt des finances du Roy,
à ſçauoir qu'il procedoit du droict annuel de plus grands
deniers qu'il n'auoit pas auparauant fait de ces parties
Caſuelles.* Mais ceſt intereſt n'eſt rien à compa-
raiſon des incõueniens touchez qui menaſſent
le Roy, ſon Eſtat, & ſes ſubjects. Ioint que ſi on
ne conſidere que l'intereſt d'argent, ce moyen
n'eſt pas ſeul injuſte, par lequel on en tire &

peuſt-on tirer : car s'il n'eſt queſtion que d'en
auoir on aura tantoſt excogité d'antres moyẽs
moins injuſtes , honteux & perilleux , par leſquels on trouueroit plus d'argent au Royaume , que dans les coffres du Roy. Or ſi cela
n'eſt pas juſte ny expedient, ny a craindre de
la debonnereté du Roy : l'objection tiree de
ceſte diminution de finances n'eſt pas vne bonne raiſon , comme auſſi ce benefice de trois ou
quatre cent mille liures que le Roy pourroit tirer de l'heredité des offices plus qu'il ne faiſoit
auparauant n'eſt rien (*inquam*) à comparai-
ſon de ſon hôneur, ſeureté & repos de ſon Eſtat
& du ſoulagement que reſſentiront ces ſubjets
d'vne meilleure Iuſtice, outre l'eſperance qui
leur reſtera de pouuoir eux & les leurs arriuer
aux Offices quand ils les auront meritez. Item,
l'on diroit à l'eſtime qu'on faict de ceſt argent
que ſans cela le Roy ſeroit pauure, & qu'en
trois ou quatre cens mil liures de plus conſiſte
la ſplendeur & conſeruation de ſon Eſtat. On
ne ſçauroit ainſi parler, ſans ſuppoſer qu'à ſi
peu de choſe prés ceſt Eſtat euſt à eſtre miſera-
ble, ce qui n'eſt pas parler vray: ny François, Et
ce que le regne du Roy defunct a deſmenty,
quand ſans ces deniers-là il a payé les debtes de
la Couronne , degage ſon Domaine , armé ſon
Royaume , baſty royalement , & faict vne notable eſpargne , laquelle par la continuation du
bon ordre qu'il auoit eſtably ce peuſt encor
faire plus grande : Car pourueu qu'il y ayt du
meſnage

mefnage aux finances du Roy, il eft affez riche fans le reuenu annuel, & plufieurs autres deniers extraordinaires, outre qu'on a offert au Roy en aboliffant le droict annuel, de le mettre en cela Roy hors d'intereft par la ferme de ces parties Cafuelles, en cas qu'il ne luy pleuft pour fon honneur & bien de fon feruice, ~~pour~~ abolir entierement la venalité.

Il y a aucuns autheurs deffenfeurs de la Paulette qui ont eftez fi hardis *que de dire que le Roy feroit contrainct de la continuer, parce que fa Majefté n'auoit point d'argent, & qu'il auoit pris par aduance notable fomme fur le prix de l'annuel prochain:* Mais cela eft faux. Le Roy n'en eft pas à cela prés Dieu graces. Ceux qui ont ainfi efcrit monftrent bien qu'ils n'ont point d'affection à l'honneur de la France, de parler de ces neceffitez, quand elles feroient auffi vrayes qu'elles font fauffes, & par mefme moyen blafmer taifiblement les adminiftrateurs de ces finances. Et quand les fermiers & partifans de ce droict auroient faict quelques aduances qui ne void que c'eft pour engager le Roy de plus fort à la continuation. Item, pourquoy ont-ils faict cefte aduance n'en ayant aucune certitude, & leur eftant deffendu par les ordonnances d'en vfer ainfi pour empefcher la confufion des finances par celle des années. Mais tout cela ceffant, il y a bon remede, qui eft de les defdommager par les profits, iufques à leur rembourfement. Voire il vaudroit mieux tirer de l'argent de la Baftille, comme chofe beaucoup

moins importante que de continuer ceste per-
nicieuse heredité , parce qu'au premier cas vn
argent peut estre remplacé par vn autre, au lieu
que celuy de ladite continuation seroit à iamais irreparable. Cela soit dit sans accorder
que la diminution des finances du Roy fust rel-
le qu'on allegue. Car c'est vne pure illusion de
faire mention de quinze cens mil liures de diminution du fonds , tant à cause du rabais qui
en a esté faict, qu'aussi il en faut rabattre ce que
les parties Casuelles vaudront sans l'heredité,
qui sera beaucoup plus qu'elles ne valoient
lors de l'introduction de cest Edict par deux
considerations principales entre plusieurs . L'v-
ne , que quelque reuocation qu'il s'en face, les
offices demeureront tousiours en quelque plus
grande valeur qu'ils n'estoient lors de l'Edict,
parce que la folie des François va augmentant:
Et l'autre, qu'il y a eu depuis plusieurs nouueaux Offices establis, desquels la vacation ou
resignation pourra augmenter de beaucoup le
prix ancien , Voire y en a-il qui parlent de faire
esgaler l'vn à l'autre aussi tost qu'il aura pleu à
sa Majesté, d'en declarer sa volonté.

*Les Officiers alleguent encor pour inconuenient que
le Roy aura dauantage d'importunité pour le don des
offices qu'auparauant.* Mais outre que le bail
des parties Casuelles faict à certain prix
l'en retiendra de crainte des rabais, & notam-
ment s'il y assigne les pensions ou la despence
de sa maison (ainsi qu'il a esté faict iadis pour
preuenir les importunitez) quand ainsi seroit,

le Roy auroit aussi plus de seruiteurs & de creatures qu'il n'a pas, puis que les Officiers par l'achapt qu'ils sont forcez de faire à si grand prix en ont plus d'obligation à leurs bourses qu'à sa Majesté.

Ils dient encor' *qu'il sera importuné des Princes & autres grands, lesquels il ne pourra econduire, & qui s'en acqueront des seruiteurs aux Prouin-*ces plus qu'au Roy. Mais sa Majesté sçaura bien distinguer les charges d'auec les charges, les indifferentes d'auec les importantes & bailler en ces cas d'autres sortes de contentements à ceux qui l'en presseront, & des refus à platte cousture, à ceux qui en voudroient abuser & ce soutenir du dire d'vn grand Prince. *N'escit reguare qui nescit negare.* Objection à laquelle encor' on respond que sa Majesté ayant confiance aux Princes qui le seruent en choses plus importantes, c'est vn crime de faire autre iugement d'eux que celuy, duquel le Roy les honore & luy faire de seruice d'en vouloir faire prendre suspition & defiance. Mais tout ainsi que toutes sortes de conditions depuis les plus releuez iusqu'aux plus abaissees aprehendent & detestent la continuation de ce mal, aussi ont les officiers seuls interessez voulu attaquer toutes autres qualitez d'hommes estimans en les rendans suspets par interest ou autre cõsideration plus imaginaire que veritable de rendre aussi suspecte leur opinion. Et neantmoins de ce reject vniuersel resulte il tousiours vn desir general, qui comme voix du peuple ce peust appeller la voix de Dieu?

On se couure encor de la foy publique: mais
si elle n'est que d'vn an enuers l'officier, pourquoy la rendre perdurable . Si les personnes
priuées par la seule minorité ou lezion sont re-
stituables en entier, à combien plus forte raison le Roy & l'Estat interessez, le doiuent-ils
estre. Outre les preuues qui en ont esté don-
nées le Roy n'est-il pas encor trompé sur le
payement de l'annuel au pied de la valeur des
Offices qu'on a donné aux Officiers, à comparaison du prix courant des Offices. Car au lieu
du lx. denier qu'à l'introduction de la Paulette les Officiers payoient, ils ne payent pas
le cent cinquantiesme. Mais les officiers sōt encor'admirables en cela: Car si on parle de continuer le payement de ce droict-là, ils veulent
que ce soit au premier pied & valeur de leurs
offices, Et si on leur propose le rembourse-
ment, ils le demandent au prix courant, sans
que les anciens officiers veulent considerer
que leurs offices leur ont esté donnez, ou qu'ils
n'en ont pas tant payé, qu'il leur en est au pied
de l'annuel, accordé & qu'ils ayent bien eu le
loisir de s'en rembourser.

Mais dient ils toute la France est quasi en of-
fices. La venalité est par tout, pourquoy supprii-
mer les Offices, puis qu'il y en a tant, & la sup-
pression n'importe qu'à quelques meschans Offi-
ces de petite importance. O quel remede est
celuy là à vne grande maladie d'augmenter les playes d'vn malade demy mort. L'an-

tique secte des Medecins est de retour au
monde, qui ne faisoient les cures que par trop
menger ou boire par les diettes , par des sueurs
ou agitations extrémes , chaud ou froid , en
toute extremité.La France regorge en offices,
il les y faut laisser? les gages , & esmoluments
espuisent les finances du Roy, & incommo-
dent les particuliers, il n'importe la venalité est
partout, *Ergo*, il en faut augmenter la charge
& l'iniure par l'heredité. Ils condamnent les
suppressions, parce qu'ils recognoissent qu'a-
uec la continuation de la Paulette, elles ne se
peuuent esperer, d'autant que celles-cy abo-
lissent les offices, & la Paulette les perpetuë;&
finalement pour en alleger l'inconuenient, ils
dient que les suppression s n'importent qu'à
des meschans offices.

Il est vray qu'ils ont mieux dit qu'ils ne pen-
soient, ce sont vrayement de meschans offices
puis que ruineux à l'Estat.Aussi sont-ils des principaux, comme Tresoriers de France, Rece-
ueurs alternatifs, & Trienels, Esleuz, Contre-
rolleurs, Grenetiers, sans ceux qui sont dans la
gendarmerie : N'y en a- il pas mesmes dans
l'Espargne de supprimables, & aux iudicatures
plus d'innutiles que de necessaires, & toutefois cela n'est rien , pourueu que la Paulette
soit continuée , c'est donc là où le Roy doit
employer la Iustice,& son authorité cõme vne
drogue qui n'est pas si bonne aux malades qu'à
l'Estat qu'vne maladie incurable veut saisir.

Mais le dernier fondement que l'autheur du

preſent diſcours a appris d'vn Financier de qua-
liſé eſt bien plus eſtrange à ſçauoir *que le Roy*
au ſon Conſeil ne pouuant à preſent donner grand ſou-
lagement au peuple , ains pluſtoſt diſpoſé à luy de-
mander des nouueaux ſecours. Il ſera force de maintenir le Officiers , tant afin qu'ils tiennent la main par
les Prouinces , à ce que perſonne ne s'oſe plaindre
qu'auſſi à l'execution des nouueaux Eedicts. Ceſte conſideration n'eſt-elle pas d'vne profonde malice, de propoſer d'authoriſer vn mal
par vn autre, plus general ? Cela n'eſt-il pas de
mauuais augure,& contre l'eſperance que chacun à conçeu d'vn bon ſoulegement digne d'vn
bon Roy?n'eſt-ce pas vn crime que de penſer
que le Roy n'obſerue pas ce qu'il a promis ? Et
finalement ce Financier a-il peu dire que les officiers ne ſoyent nez qu'à l'oppreſſion ſans leur
faire tort,& ſans recognoiſtre que la continuation de ladite heredité n'a poinct de raiſon,puis
qu'il la faut appuyer de ſi mauuais fondemét?

L'Autheur du liure intitulé l'Officier Royal
qui en a plus amplement & exactement eſcrit
par la force de ſa vertu finiſſant ſon œuure ſur
le plan du bien public qu'il auoit commencé
par ſon intereſt particulier, a eſté contrainct de
recognoiſtre que ceſt Edict n'eſt plus ſuppor-
table par les expediens & temperamens qu'il
en a ouuert quand il a recogneu qu'il eſtoit expedient de le reuoquer dés à preſent: en diffe-
rant l'execution de la reſolution, iuſques à la
fin des trois ans. Mais puis qu'il eſt reuocable
parce qu'il eſt mauuais, pourquoy en differe-

ra-on l'execuıion, puis qu'vne mauuaiſe plante ne peuſt aſſez toſt eſtre arrachée. Item, ſi on
ce ſert dannées paſſees pour vn grand tiltre la
force n'en accroiſtra elle pas les trois autres
qu'on y veut ioindre.

Mais dient-ils au bout des trois ans, le Roy
ſera en vn aage plus parfai&ct; pour iuger de ces
affaires, comme s'ils vouloient douter de la
majorité du Roy, & que ſon Conſeil ne ſoit pas
d'vne auſſi bonne trempe à preſent qu'il pourroit eſtre lors, Son mariage n'eſt-il pas d'vne
auſſi grande importance, & toutefois les officiers ne propoſét pas d'en faire pareille remiſe.

Ils deſirent au moins que les officiers à preſent pourueuz iouyſſent de la faueur de l'Edi&ct;,
& non leurs reſignataires, mais tous ces artifi-
ces ioüent trop éuidemment pour n'en pas
preuoir les effe&cts; qui ne tendent qu'à rompre
les chiens pour gaſter la chaſſe des Eſtats, di-
ſans les officiers tout haut, que s'ils l'eſchap-
pent ceſte fois leurs offices ſeront perpetuelle-
ment patrimoniaux.

Et finalement ils conſentent que le Roy ait
Elle&ction; de l'officier, en dedommagant les
heritiers au double du pied de l'annuel, mais
pourquoy doubler le prix de l a plus part des
offices qui n'ont pas tant couſté que le ſimple
prix au pied du droi&ct; annuel, ſi ce n'eſt qu'a-
prés auoir cueilly tous les fruicts, le verd & le
ſec d'vn office par longues années, le reuendre
au Roy deux fois plus qu'il n'a couſté, par laquelle porte ſi l'officier nouueau veut entrer,

pourra-il appeller cela vne gratification que le
Roy luy faict, que de luy faire surachepter vn
office qui doit estre baillé à la seule vertu, ou
au moins à vn tel prix qu'il ne contraigne pas
l'officier d'en abuser.

Si doncques la necessité des affaires ne peust
rendre quant à present les offices gratuits. Au
moins est-il cousonant à toute bonne raison
que nul offices ou dignitez de guerre, iustice, &
finances, charges en la maison du Roy, & autres
quelconques, ne puissent par cy apres estre hereditaires, ains que par mort ils demeurent
vacants & impetrables, sauf la voye de resignation des offices à personnes capables d'aage &
experience requise par les ordonnances, puis
que ce remede n'est point dur dont l'effect sera
salutaire, & que la Cure auec torment à la gue-
rison pour excuse, n'ayant rien d'ailleurs d'in-
iuste de nouueau ny de violent, puis que l'officier demeurera en liberté d'y demeurer ou re-
signer. Et le Roy & l'Estat ce deschargeront du
blasme que tous les Historiographes luy pre-
parent s'il souffre ceste heredité: tout ainsi que
l'antiquité ce mocquast & faict on encor' des
Roys de Sparte, dont les officiers, Trompettes,
Menestriers, Cuisiniers, Palefreniers & autres
y auoient pour successeurs leurs enfans pour
ignorants qu'ils fussent, & quelque concurren-
ce que leur fissent les plus experimentez.

9 782329 674155